POEMAS
Memórias do Coração

Editora Appris Ltda.
1.ª Edição - Copyright© 2024 da autora
Direitos de Edição Reservados à Editora Appris Ltda.

Nenhuma parte desta obra poderá ser utilizada indevidamente, sem estar de acordo com a Lei nº 9.610/98. Se incorreções forem encontradas, serão de exclusiva responsabilidade de seus organizadores. Foi realizado o Depósito Legal na Fundação Biblioteca Nacional, de acordo com as Leis nºs 10.994, de 14/12/2004, e 12.192, de 14/01/2010.

Catalogação na Fonte
Elaborado por: Dayanne Leal Souza
Bibliotecária CRB 9/2162

V297p 2024	Vargas, Eloisa Poemas: memórias do coração / Eloisa Vargas. 1. ed. – Curitiba: Appris, 2024. 81 p. ; 21 cm. ISBN 978-65-250-6526-7 1. Romance. 2. Amor. 3. Fantasia. 4. Poesia. I. Vargas, Eloisa. II. Título. CDD – B869.91

Editora e Livraria Appris Ltda.
Av. Manoel Ribas, 2265 – Mercês
Curitiba/PR – CEP: 80810-002
Tel. (41) 3156 - 4731
www.editoraappris.com.br

Printed in Brazil
Impresso no Brasil

Eloisa Vargas

POEMAS
Memórias do Coração

Appris
editora

Curitiba, PR

2024

FICHA TÉCNICA

EDITORIAL Augusto Coelho
Sara C. de Andrade Coelho

COMITÊ EDITORIAL Ana El Achkar (UNIVERSO/RJ)
Andréa Barbosa Gouveia (UFPR)
Conrado Moreira Mendes (PUC-MG)
Eliete Correia dos Santos (UEPB)
Fabiano Santos (UERJ/IESP)
Francinete Fernandes de Sousa (UEPB)
Francisco Carlos Duarte (PUCPR)
Francisco de Assis (Fiam-Faam, SP, Brasil)
Jacques de Lima Ferreira (UP)
Juliana Reichert Assunção Tonelli (UEL)
Maria Aparecida Barbosa (USP)
Maria Helena Zamora (PUC-Rio)
Maria Margarida de Andrade (Umack)
Marilda Aparecida Behrens (PUCPR)
Marli Caetano
Roque Ismael da Costa Gúllich (UFFS)
Toni Reis (UFPR)
Valdomiro de Oliveira (UFPR)
Valério Brusamolin (IFPR)

SUPERVISOR DA PRODUÇÃO Renata Cristina Lopes Miccelli

PRODUÇÃO EDITORIAL Adrielli de Almeida

DIAGRAMAÇÃO Ana Beatriz Fonseca

CAPA Kananda Ferreira

REVISÃO DE PROVA Bruna Santos

SUMÁRIO

CHUVAS DE VERÃO...7

AMEI...8

CINZAS DAS SOMBRAS..9

LEMBRA DE MIM...11

AS QUATRO ESTAÇÕES DO ANO...12

CORAÇÃO SOLITÁRIO...13

DE ONDE VENS?...14

SUAVE VENENO..15

DESEJO...16

MINHA VIDA..18

OUTRA VEZ...19

AQUARELA..20

AMANTES..21

ACRÓSTICO..23

LEMBRANÇAS...24

TEMPOS DE OUTONO..25

SOLIDÃO...26

SAUDADE..27

ESPERA...28

AMADO MEU...29

PERDOA-ME!...30

LUA...31

RECOMEÇO..32

SEM VOCÊ..33

OS DOIS LADOS...34

TEU TOQUE..36

COM VOCÊ...38

POR QUÊ?..40

QUEM ME DERA.................................41

ILUSÃO...43

QUEM É VOCÊ?..................................44

TEUS OLHOS......................................45

MEU GRANDE AMOR...........................46

QUANDO O AMOR................................47

REENCONTRO.....................................48

O SOM DE UMA LÁGRIMA....................50

TALISMÃ..52

OLHOS NEGROS.................................53

PROCURA...54

HOLOCAUSTO....................................55

PINTANDO O AMOR.............................56

O TEMPO..57

EU TE PRECISO..................................58

CONFISSÃO.......................................59

JURAS DE AMOR.................................60

MOMENTOS..61

ONDE ESTÁ?......................................62

FILHA DA LUA....................................63

O AMOR...65

A RESPOSTA DO TEMPO.....................66

A CÁPSULA DO TEMPO........................68

UM DIA TÃO IGUAL.............................70

A MELHOR LEMBRANÇA......................71

DEIXANDO O NINHO............................72

PORQUE SE FOI.................................74

MEU CORAÇÃO..................................76

LAVEI MINHA ALMA............................78

RETRIBUIÇÃO....................................79

Chuvas de Verão

Nosso amor foi paixão
Nosso amor foi ioucura
Como chuvas de verão
Que cai forte e não dura
Numa troca de olhar
Aquele amor contagiante
Fez tudo mudar
Desde o primeiro instante
Mas o amor não marca hora
E não escolhe a quem amar
Como um vento veemente
Você entrou em minha vida
Chegou tão de repente
Virando-me do avesso
Foram tantas frases ditas
As quais eu jamais esqueço.
Nosso amor foi tão bonito
Mas pouco tempo durou
Minha vida desarrumou
E depois foi embora
Tão depressa como chegou.

Amei

Te amei tanto e você não sabia
Aquele amor no meu peito doía
Torturando e tirando-me a paz
De dia era um céu azulado
Mas à noite um amor de pecado
Como ondas quebrando no cais
Te amei tanto e você não sabia
A cada volta que os ponteiros davam
O meu amor por você aumentava
Te esquecer muitas vezes eu quis
Te arrancar do meu peito infeliz
Mas toda vez que a noite chegava
Com mais intensidade eu te amava
Te amei tanto e você não sabia
Confessar meu amor eu não podia
Te amei tanto de noite e de dia
Mas a noite eu te amei muito mais.

Cinzas das Sombras

Saio todas as noites
A vagar na imensidão
Vejo um corpo prostrado e sem alento
Sombrio e triste jogado ao chão
Nenhum sonho ou esperança
Nenhuma luz na escuridão
Nenhuma estrela brilha
Em seu negro e denso véu
Tudo silenciou
O mar revolto em sua trilha
Se confunde com o Hiroshima
Que a vida lhes reservou
Não há flores ou risos
Nem estrada ou caminho
Sem um ponto de partida
Não há princípio e nem fim
Só há um corpo sem vida
Debruçado em seu pranto a chorar
Em meio a tantos escombros
Não há o que esperar
Tudo passou tão depressa
Sem ter tempo de viver
Sonhou em poucas horas
Com o que jamais pode ter
Não desejou o céu nem as estrelas
Nem luxo ou riquezas quis

Tudo o que queria
Era simplesmente ser feliz
Mas quis a vida lhes negar
O único e humilde sonho
De quem não pode sonhar.

MEMÓRIAS DO CORAÇÃO

Lembra de mim

Lembra de mim
Quando estiveres feliz
Enquanto tua fortuna durar
Enquanto puderes sorrir
Lembra de mim
Quando a noite chegar
E precisares de alguém
Pra tua mão segurar
Lembra de mim
De quantas vezes procurou
Encontrar em mim guarida
Ter carinho e compreensão
E dar sentido a tua vida.
Lembra de mim
Das noites que ao teu lado passei
Em meu ombro muitas vezes chorou
E tua mão segurei
Mas quando a juventude passar
E o frio em teu leito bater
Teus amigos te abandonarem
Então, de mim vais lembrar.

As quatro estações do ano

Foi numa noite como outra qualquer
Sonhei com você me fazendo mulher
Outros sonhos vieram
O verão vai terminar
Mas os sonhos continuaram
Até o outono chegar
As flores já não desabrocham
Folhas começam a cair
O inverno está chegando
O outono precisa partir
Logo a primavera vem vindo
O inverno precisa ir
Pra dar lugar as flores
Que ainda vão surgir
As quatro estações da vida
Se vive todos os dias
As vezes há desenganos
E há outros que é só alegrias
Momentos de incertezas
E outros de pura magia
O sonho que vivi com você
Sei que não podia durar
Enquanto eu sonhava
Alguém veio me acordar.

MEMÓRIAS DO CORAÇÃO

Coração solitário

Dentro do peito
Há um espaço vazio
Onde nele se esconde
Lembranças que um dia
Por estar só sente frio
Uma casa abandonada
Antes por alguém habitada
Agora quem mora nela
Não abre portas nem janelas
Não há raio de vida
Só sombras escondidas
O sol não ultrapassa as vigas
Das nuvens que vagueiam
Pela noite a assombrar
A lua conta histórias
De quem teve dias de glórias
Não há ninguém pra escutar
Quando uma névoa passa
Esgueirando a fumaça
Do que ficou na lembrança
Somente a esperança
A evocar humildemente
Que no jardim a semente
Germine enchendo de flores
Os corações solitários
Como um lindo cenário
Vivo e cheio de amores.

De onde vens?

Para onde vais
Ó lindos sonhos?
Alucinado e em delírios
Cobre-me com teus beijos
Em alvéolos de desejos
Como criança me põe dormir
Depois te vejo partindo
Como pássaro ferido
Que para as montanhas voou
Ou foi para o deserto
Para ver-me então de perto
Mas não me encontrou
Viu-me em uma miragem
E a areia fina beijou
O sol castigou teu rosto
Por isso você voltou?
De onde vens?
Ubiquidade do amor
Na luz da manhã esculpida
Surge entre o alvor
Favo de mel escondido
Raio de luz intensa
Projetada nos umbrais
Como utopia ou quimera
Todas as noites me espera
Luzente em todo o lugar.

Suave veneno

O mais doce veneno
Bebi da tua boca
Substância mortal
Tornei-me um ébrio
Me embriaguei desse mal
Desse suave veneno
Sou um viciado
Lambuzei-me do teu mel.
Ao beijar outras bocas
Percebi que outros lábios
Tinham gosto de fel
Como abelha sedenta
Que de sumo se alimenta
Procuro teu néctar
Em todas as flores
Também em outras bocas
Encontro outros doces
E outros sabores
E na hora de amar
Só teus lábios produzem
O mais doce sabor
Para o meu paladar.

Desejo

Ao acordar ouvi uma canção
Que fez meu coração pular
Por falar de amor e paixão
Descrevendo a forma de amar
Olhei tudo a minha volta
Vi você ali ao meu lado
Por um instante calado
Esperando por um carinho
Em teus braços fiz meu ninho
Quando ouvi a tua voz,
Fiz da distância entre nós
Um território marcado
Acariciei teu cabelo
Beijei com ternura teu rosto
Aconcheguei-me ao teu peito
Percorri então o teu corpo
No êxtase do desejo
E arrebatada por um beijo
Já não éramos mais dois
Mas um coração que batia
E pelo mesmo desejo
Nossos corpos ardiam
Nada ficou pra depois
Como a dança dos ventos
Tínhamos um só pensamento
Nossos sentidos pediam

MEMÓRIAS DO CORAÇÃO

De uma forma voraz
Amor por amor
Para amar muito mais.

Minha vida

Vida da minha vida
Vida que não é minha
Por ti eu estou perdida
Antes de ti eu, vida não tinha
Amo-te minha vida
Vida do meu penar
Daria tudo na minha vida
Pelo prazer de te amar
Vida do meu sofrer
Vida do meu olhar
Enquanto eu tiver vida
Por ti eu irei chamar
Vida da minha vida
És o ar que respiro
A lágrima que rola
Do meu soluço o pranto
Amo-te minha vida
Como ninguém o amou
Morro pra dar vida
Minha estrela cadente
Mesmo depois da morte
Te amarei eternamente

Outra vez

Junto à sombra da paineira
No chão corações de roseiras,
Salpicadas de margaridas
Uma rede pendurada
Esperando por nós dois
Lembranças de nossas vidas
Sete dias por semana
Confissões tão verdadeiras
Tendo o céu por testemunha
Das muitas juras de amor
Outra vez estou voltando
Pra rever o nosso ninho
Borboletas multicores
Voando de flor em flor
Fazem ali o seu berçário
Embelezando o cenário
Que o tempo conservou
Assim também nosso amor
Vive a doce lembrança
Que o tempo não apagou.

Aquarela

Aquela menina de tranças
Que sonhou desde criança
Com a magia do amor
Príncipes, castelo encantado
Romance fantasia e poemas
Aquela alma pequena
Brincava de ser feliz
Mas o tempo foi passando
Dissipando o encanto da flor
E aquele arco-íris mágico
Agora era um risco de giz
Os seus sonhos perderam a cor
E aquela pintura na tela
Abre uma estranha janela
E um outro mundo mostrou
Aquele desconhecido
Trazia nas mãos escondidos
Os pinceis e a aquarela da vida
Esperando a inocência
Daquela alma insegura
O que antes era pintura
Com efeitos especiais
Agora são espirais
De um livro sem autor
Um enigma disfarçado
Que por alguém foi ditado
Sem a essência do amor.

Amantes

Depois de algum tempo
Um do outro distante
Havia dois anos
Entre estes amantes.
Foi no mês de janeiro
Que o telefone tocou
Uma voz tão suave
Ao outro lembrou
Bons tempos aqueles
Que a gente viveu!
Naquele momento
O tempo parou
Com tom de surpresa
Ele respondeu
- Já faz muito tempo
Mas ainda recordo
Teu rosto sorrindo
Parece que vejo
Do perfume o aroma
A essência do beijo
Entre uma lembrança e outra
Pedindo clemência
A distância agora
Ligada num fio
Era um filme passando...
Enquanto um falava o outo escutando

Quebrou-se o silêncio
Naquele momento
O que um desejava
O outro sentia
Na cumplicidade
De um só pensamento
Aqueles dois anos já não existiam.

MEMÓRIAS DO CORAÇÃO

Acróstico

Já não tenho culpa dos meus sonhos ocultos
Olhando em teus olhos que despia me nua
Razão pela qual joguei-me em teus braços
Gazela sem nome sentia-me tua
Enquanto me amava quebravam-se os laços
Livre eu estava dos desejos ardentes
Uma névoa serena banhava minh'alma
Calava-se a voz dos anseios mais quentes
Invadindo um silêncio de paz e de calma
Movia-se apenas um sonho afagado
Abraçando as lembranças de quem já te amara
Regados de prazer dois corpos molhados
Gemidos sussurram os lábios se tocam
O compasso dos beijos numa estrofe rimada
Na sequência da noite ainda te desejava
Cama desfeita caricias trocadas
As horas passando eu velava teu sono
Leve e tranquilo você já dormia
Vagueia no espaço um ar de abandono
Enquanto no céu estrelas caiam
Sedenta estava, mas você não sabia
Mais uma noite que passa o dia já chega
Ainda teu cheiro se espalhava no ar
Cada toque na pele que o vento soprava
Imitava teu ritmo a me sufocar
Enquanto em meus sonhos você me alucina
Lendo esta frase, teu nome termina.

Lembranças

Eu sou como a voz do vento
Que ultrapassa barreiras
Através dos tempos
Eu sou todas as imagens
Todas as palavras ditas
Sou as risadas gostosas
De quando criança nas brincadeiras
Sou todas as transformações da vida
Do abraço gostoso ao adeus de partida
Sou eu que nunca me canso
Não sou velho nem moço,
Nem tão pouco criança
Sou eterno enquanto vivo
Na memória de todos
As vezes sou motivo de lágrimas
Para uns de alegrias
Para outros de tristezas
Para alguns sou bela e formosa
Para outros não tenho beleza
Sou tudo que estas ausente
Sou do passado o presente
E ao chegar no futuro
Lá também estarei
Como memória esquecida
Ou como saudades da vida
Mas apenas "lembranças" serei

MEMÓRIAS DO CORAÇÃO

Tempos de outono

A névoa serena
A relva molhada
A brisa a soprar
As folhas caindo
Num toque sentindo
Do seu último abrigo
O vento a lançar
Tão pálidas morrendo
No chão a deitar
Se é dia ou noite
Entre sombras se esconde
Em dias cinzentos
O tempo a vagar
São tempos de outono
Até outro outono chegar.

Solidão...

Guardo na lembrança
Uma noite casual
Um rastro de esperança
De um momento especial
A resposta tão esperada
Fez o acaso acontecer
A inconsciência ludibriada
Veio em meus sonhos aparecer
Daí um desejo contido
 E o meu segredo revelado
Poderia ficar escondido
Sem jamais ser notado
Mas o prazer em gemidos
Queria ser libertado
A natureza tem seus mistérios
O inconsciente também
Como não levar a sério
Os sonhos que se tem
Se eu não viver, eu não vivo
Vivendo eu sei que não morro
E se morrer de prazer contigo
É só mais um risco que corro.

Saudade

Saudade anda sem nome
Anda sem rosto
Vaga sem direção
Grito teu nome ao vento
Rasga meu coração
Saudade aperta o peito
Tento esquecer não tem jeito
Canto qualquer canção
Saudade...
Ela está na luz do sol
No cintilar das estrelas
Nas madrugadas sem sono
Está onde não posso vê-la
Saudade está no olhar distante
De quem procura um caminho
Perdido no horizonte
Está no sorriso aflito
Está na nuvem que passa
Solitária no infinito
Está no andar apressado
De quem espera chegar
Está no olhar cansado
De quem está a esperar
Saudade vive...
Onde não sei.
Está em todo lugar.

Espera

Por diferentes caminhos andei
Por todos te procurei
Um dia, um mês,
Não sei...
Muitos anos se passaram
E hoje ainda estou aqui
A beira deste caminho
A espera de alguém
Que por aí vaga sozinho
Com o mesmo objetivo
Ser feliz também
Ainda te espero
Mas quanto mais longa esta espera
Mais distante vejo teu vulto
Lentamente se afastando
Enquanto eu aqui estou
E continuo te esperando.

Amado meu

Amado meu onde andarás
Te procurei pela vida
Só dentro de mim estás
Em partículas esquecidas
Tens nos olhos a paixão
Do tamanho de uma esfera.
Saudades no coração,
Sonho de uma longa espera.
Sinto teu cheiro no ar,
Teu perfume impregnado,
Como bálsamo a exalar
De um beijo apaixonado.
Sua voz a me chamar,
Como notas musicais,
De uma letra conhecida
Que foi por mim redigida
Na intensidade do amor.
Não dá pra continuar
Longe do teu calor,
Hoje eu te procuro,
Amanhã te encontrarei.
Do presente ao futuro,
Com você eu estarei.

Perdoa-me!

Perdoa-me por querer-te tanto,
Perdoas-me por te amar
Sei que palavras não dizem o quanto
Você já me fazer chorar
Às vezes me pego pensando
No quanto podia te fazer feliz,
Mas teu coração não alcança
O que o meu coração te diz.
Por favor, perdoa-me...
Não esqueças também,
Se você já amou um dia,
Sabe o que estou sentindo,
E como dói gostar de alguém.
Você é uma joia rara,
Que jamais poderei ter,
Mas minhas noites são caras,
Pago o preço por te querer.
Mas peço que me perdoe
Por amá-lo tanto assim.
Às vezes acho que amo
Mais a você do que a mim.
Meu coração não foi à escola,
Só aprendeu a te querer.
Meu dicionário em adeus não fala,
Só "amor" meu coração sabe ler.

Lua

A lua prateada a refletir na vidraça.
O sono não vem, a noite não passa.
A lua atrevida, num tom debochado,
Murmura silenciosa uma esperança perdida.
A solidão lhe abraça,
Mas isso não a intimida.
Uma lágrima rola numa gota de orvalho...
O sol vem surgindo no horizonte dourado.
Imponente, se abrindo,
Enquanto a lua, solitária no espaço.
Sem ter um abraço, sem adeus vai partindo.
Estrelas cadentes de ti se afastam
Sem notar teu semblante tão pálido e frio.
Às vezes te vejo tão só como eu,
Mas esse é o destino que a vida nos deu.
Perto de ti sempre estarei.
Me abraça, ó lua, com você partirei.

Recomeço

Esta noite eu quero
Muita paz e esperança
Esta noite eu quero
Um sorriso de uma criança.
Eu quero poder abraçar um amigo
Dizer tudo aquilo
Que há tempo não digo,
Ver as flores se abrindo,
Derramar seu perfume.
Esta noite eu quero
Ver o brilho no olhar
Das pessoas que amo
E das que eu não posso amar.
Esta noite eu quero morrer e voar
Como um pássaro livre,
Com minha alma a cantar.

Sem você

Sou, sem você,
Saudade infinita.
Sou noite perdida no amanhecer.
Sou barco à deriva
No mar a vagar.
Sou livro fechando,
Sou luz apagada
Em noites escuras.
Sou voz que te chamo
Do fundo do mar.
Sou grito abafado,
Gemido calado.
Sou voz que, cantando,
Ninguém escutou.
Sou porta fechada,
Sou dia, sou noite,
Sou sol, sou lua,
Corpo sem alma
Num gesto suspenso
De saudade sua.

Os dois lados

Cala-se aos olhos mudos
Um sonho, uma memória.
Palavras só são palavras,
Dentro do peito há uma história
O teu silêncio esconde,
Mas teus olhos dizem tudo.
Quando olho lá no fundo,
Tudo passa num segundo.
Tua alma vai despindo
Dentro dela vai surgindo
Teus desejos escondidos,
Tudo o que tu tens vivido,
Tuas buscas e conquistas,
Teus medos e delírios.
Não é preciso falar,
São dois lados que eu vejo:
O "aparente" e o "oculto",
Um deles é verdadeiro,
O outro é só um vulto.
Insistir nesse mistério,
Aos meus olhos é uma farsa.
Só um deles é sincero.
Mas ainda assim eu quero
Conhecer os dois primeiro,
E depois no derradeiro
Veredito de sorte.

MEMÓRIAS DO CORAÇÃO

Para um sobreviver,
O outro tem que morrer
Como um pacto de morte.

Teu toque

A parte que me toca
Não é o coração.
É o toque dos seus lábios
Em forma de canção.
A parte que me toca
Faz-me ouvir meus pensamentos.
Vagueia sem destino,
Arrancando lá de dentro
Lembranças dos momentos...
Desejos confundidos
Com prazer em mim contido
Do que me faz despertar.
Lábios de tantos sabores,
Beijos de tanto calor.
Abraço de outros braços,
Amor de tantos amores.
Mas a parte que me toca,
Ainda sinto tocar-me.
Beija-me em pensamentos,
Como em meu primeiro sonho.
Até mesmo nos momentos,
Em que um final eu ponho.
Mas ainda assim me toca,
Ardente e delicioso
Parece mais saboroso
Do que o da primeira vez.

MEMÓRIAS DO CORAÇÃO

Essa parte que me toca
Ficará bem guardada,
Mas ainda assim eu quero
Por teus lábios ser tocada.

Com você

Sou brasa que queima
Se estou com você
Sou corpo em chamas
Esse toque que acende
E me faz aquecer
Sou longe de ti
O que não sou com você
Em noites serenas
Uma luz apagada
Outras mãos não me aquecem
Não me acendem o desejo
Teu toque macio
Seus beijos molhados
Uma força estranha me liga a você
Quando olho em teus olhos
Vibra minha alma de louca vontade
Meu corpo estremece, num instinto felino
Sedenta me vejo.
Não quero reservas
Não guardo vontades
Espero ansiosa por mais uma noite
Ter-te em meus braços
E matar a saudade
Te amar por inteiro
Não quero metade
Meu coração não tem dono,

MEMÓRIAS DO CORAÇÃO

Mas meu corpo te quer
Me faça outra vez
Mulher de verdade

Por quê?

Não sei por que
No primeiro instante que te vi
Algo me chamou a atenção
Fez-me parar e pensar
Foi então que percebi
Existia algo especial em teu olhar
Teus olhos pareciam me dizer
O que no momento não pude entender
Os dias foram passando
E cada vez que eu te olhava
Num impulso nós nos aproximávamos
Não sei por que...
Parecia uma bobagem,
Mas a cada instante via
Em outros rostos tua imagem
Por que desse teu olhar insinuante?
Faz no teu rosto pálido
Teus olhos mais brilhantes
Esse sorriso irônico de quem está distante
Tua respiração acelerada
Se faz mais ofegante
Não sei por que, você pode me dizer?

MEMÓRIAS DO CORAÇÃO

Quem me dera...

Quem me dera ser o sol
A te espiar pela cortina
Quem me dera ser seus raios
Pra banhar tua retina
Quem me dera ser a brisa
Pra teu rosto acariciar
Quisera ser uma estrela
Pra teu sono vigiar
Ser a lua adormecida
E em teus sonhos te amar
Quisera ser teu futuro,
Teu presente, teu passado
E acordar de mansinho
Contigo sempre ao meu lado
Quisera ser uma onda
Quebrando contra o rochedo
Rolar com você na cama
Sem reservas e sem medos
Quisera ser a lágrima
Em teu rosto cansado
O cobertor que te aquece
Nas longas noites geladas
Ser tua luz tua guia
Em noites escura e chuvosa
Afogar-me em teus beijos
Sussurrar teu nome dengosa.

Ser tua paz todo dia
Teu poema de verdade
Pra te dar alegrias
Sem jamais sentir saudade
Quisera te amar loucamente
Como ninguém jamais quis
Mas sem teu consentimento
Não posso te fazer feliz.

Ilusão

Eu não te amei, você me amou
E nem sequer se importou
Eu jamais quis te magoar
Pois eu conheço teu valor
O que eu não posso aceitar
É esse nobre e puro amor
Você pra mim é especial
Mas eu não posso retribuir
Amar alguém é natural
Amar assim é se iludir
Você bem sabe quem sou
Conhece todos os meus passos
A vida inteira eu sonhei
Com um amor tão grande assim
Com tanto amor no coração
Não caberá dentro de mim
Quanta ternura há em teu olhar,
Quanto aconchego há em teus braços
Tanta doçura e compaixão
Quase prendeu-me em teus laços
Peço me esqueça por favor!
E só então serás feliz
Com um sublime e terno amor
Adeus! Agora vou partir

Quem é você?

Quem é você que invade meus sonhos
Que me diz baixinho o que quero ouvir
Quem é você que enxuga meu pranto
E teu afago posso sentir.
Quem é você que me toma em teus braços
Embala meu sono doce e tão terno
Quem é você que fala sorrindo
Conhece meus passos e o que estou sentindo
Quem é você que teu rosto não vejo
Mas sinto teu toque
E o sabor do teu beijo.
Quem é você que com voz tão suave
Todas as noites em meus sonhos aparece.
Quem é você que me beija sorrindo
Tão longe, tão perto
Meu corpo aquece.

Teus olhos

Teus olhos são um oceano profundo,
Cheios de encanto e beleza.
Não há nenhum lugar no mundo
Que me fascine com sua grandeza.
Teu olhar é mistério,
Teu olhar é segredo.
Descubro tuas incertezas
Olhando fundo em teus olhos.
Encontro um universo raro
Nos caracóis desse mar.
Vejo vida por onde passo,
Silhuetas, sombras ou miragem...
Nessa imensidão a procurar,
Palavras sincronizadas,
Que frases eu posso formar.
Planeta cósmico feixes de luz.
Enquanto leio esse poema,
Busco a essência da tua alma.
Percorrendo os caminhos do amor,
Que teu coração conduz.

Meu grande amor

Voei, voei tão alto,
Como ave de rapina
Voei até o céu tocar
Soltei as asas a vibrar
O chão já de mim distante
Como num grito a cantar
O nome do meu grande amor
Fiz a todos me ouvir chamar
Voei pelos vales e serrados,
Pelo deserto abrasador.
O céu desceu a cortina
Quase ofuscou meu olhar.
Ainda voava alto,
Mas de lá pude avistar
Os campos cobertos de flores,
Para enfeitar nosso amor.
Teu nome eu pude chamar...
Teu nome meu grande amor.

Quando o amor...

Quando um amor se desfaz,
Não há o que consertar
Deixa no peito a saudade
De quem não volta jamais.
Fica no chão os pedaços,
Que acabam por se perder.
O que antes era amor,
Agora só faz sofrer.
Lembranças que causam dor
Do que antes dava prazer.
Quando um amor vai embora
Sem deixar esperanças,
Segue pela vida a fora
Marcado pelas lembranças.
Mas quando um amor acontece,
Ou acaba de nascer,
A felicidade aparece
Os corações se aquecem,
E começam então a viver...

Reencontro

Quando jaz em minha vida,
Encontrei-te ali sozinho.
O passado em minha frente,
Foi transposto em meu caminho.
O tempo havia passado,
Muitas coisas aconteceram...
Mas nada tinha mudado,
Não para nós dois!
Enquanto meus pensamentos
Moviam-se rapidamente,
Recordando bons momentos
Daquele mesmo lugar.
Tudo estava como antes,
A música de fundo,
Uma canção a tocar.
Numa fração de segundo,
Convidando-nos a amar.
Tal qual como bons amantes,
Com um toque de saudade,
A fragrância do desejo
Misturou-se em nossos corpos,
Sucumbidos por um beijo.
Como frascos transbordando,
Dos libidos da paixão.
As horas deslizando,
Roupas jogadas ao chão

MEMÓRIAS DO CORAÇÃO

Nossa história se repete,
Um reencontro marcado,
Que para finalizar,
Com um beijo foi selado.

O som de uma lágrima

Como uma gota de orvalho
Que fica suspensa no ar,
Há uma lágrima solta
Dos meus olhos a brotar.
Nem sempre foi assim.
Até te encontrar.
Mas quis meu coração
Por ti se apaixonar.
Minha paz foi teu sorriso,
Minha musa preferida.
Da tua força eu preciso,
Pra dar sentido a minha vida.
Não te afastes de mim,
Meu anjo, minha querida.
Você é a locomotiva
Que me impulsiona a seguir,
Aquieta meu coração
E dá paz a minha alma.
Como bálsamo suave,
Que me embriaga e me acalma.
Só te peço, por favor,
Não, não me deixes sozinho!
Preciso de você...
Não desprezes meu carinho.
Mas se isso acontecer...
A ciência irá descobrir

MEMÓRIAS DO CORAÇÃO

O espaço que ocupa o amor
Dentro de um coração,
E o som de uma lágrima,
De quem te ama, caindo no chão.

Talismã

Durante muito tempo
Você foi meu talismã.
Fruto do desejo,
Fonte de inspiração.
Durante muito tempo,
Precisei muito de você.
Muitos foram os momentos,
Que a você eu dediquei,
Mesmo sem saber.
Não foi amor, não foi paixão,
Foi meu fetiche de ilusão,
Durante muito tempo,
Desejei estar contigo.
Como ponto de referência,
Como homem, como amigo.
De ti sempre irei lembrar,
Em muitas frases escritas
Você, vou encontrar
Como peça principal,
Que está em destaque,
Transposto, de uma alma efêmera,
Como amuleto original.

Olhos negros

São negros, os teus olhos
São negros como a noite,
Como a noite, que não tem luar
São negros os teus olhos,
Mas não o teu olhar
O negro dos teus olhos
Como estrelas a brilhar
Dando contraste ao teu rosto
Como um oceano a banhar
Duas pérolas negras
Em noites de luar
São negros os teus olhos,
Como uma noite sem fim,
Mas o brilho dos teus olhos
Vieram brilhar pra mim
São negros os teus olhos
Que repousam sobre a lua
Enquanto fito os teus olhos
Adormeço com a noite
E acordo com saudades tua.

Procura

No meio da noite
Eu acordo sozinha
Buscando teu corpo
Sem encontrar.
Nesta louca procura
Pensamentos soltos
Com mil fantasias
Pra te agradar
Eu, acordo sozinha
No meio da noite
Vejo as horas passando
E, eu sozinha
Continuo acordada
Sem te encontrar.
O dia vem vindo
E com ele a amargura
Eu, ainda acordada
Buscando você.
O dia chegou
Mas a minha procura
Ainda não acabou.

Holocausto

Te amar, foi uma loucura
Hoje, com a alma cheia de agrura
Sinto-me perdida.
Te dei meus olhos,
Meu corpo e minhas mãos,
A ti, dei meu coração,
E também a minha vida.
Ofereci-me em sacrifício,
No holocausto da dor.
Joguei a teus pés,
Toda a pureza do meu amor
Para assim me redimir
Pelas cinzas da paixão
Como incenso precioso
No altar da ilusão
E como a vela que chora
Pouco a pouco consumida
Foi meu corpo derramado
Regando os castiçais da vida.
E sob a chama se apagando
Logo acaba indo embora
E não deseja mais voltar.

Pintando o amor

Se eu pintasse o amor
Quais cores eu usaria?
O verde da esperança,
O azul do infinito,
Ou vermelho então seria?
O que mais perto estaria
Da minha alma ansiosa
O amarelo da riqueza
Ou seria, então o rosa?
Como o amor, é tão bonito
Um sinônimo de grandeza
Nem todas as cores
Teriam tanta beleza.
Comparadas ao mais sublime
E ao mais puro sentimento.
Por amor, se oferecem flores,
Se dá o céu, e as estrelas,
E todo o firmamento.
Em tudo isso, estariam as cores
Salpicadas como ramalhetes
Oferecidos por seus amores.

O tempo

O tempo é um fiel amigo que nos acompanha desde antes de sabermos andar.

Na infância, ele corre velozmente, e não podemos alcançar.

Depois na adolescência, nem percebemos ele passar.

Na juventude, ele passa mais depressa ainda, que não temos tempo,

De o tempo esperar.

Chegando a fase adulta, com tantos afazeres, responsabilidades, precisamos de tempo que o tempo não nos dá.

Então chega o momento em que paramos para ver o tempo passar.

Depois de correr, brincar, sorrir e chorar.

Já cansados da vida, percebemos então que ele passa andar devagar.

Os dias ficam mais longos, a noite custa a passar, e um sábio de

De cabelos brancos, começa a nos acompanhar.

Já não corre como o vento em seu cavalo alado; já não anda apressado

Como em tempos de outrora.

Traz no rosto suas marcas, tem o corpo curvado agora; e na cartilha da vida,

Esqueceu de marcar a hora.

Com seus passos já cansados, pode-se ouvir ecoar,

este eterno viajante, que com muita sabedoria, tudo o que fez da vida foi somente ensinar.

Tempo, meu velho e fiel companheiro, como um bom estradeiro, chegando ao fim da jornada.

Deixou os seus rastros cravados, como um mapa traçado, para quem passar por lá.

Tempo, amigo constante, que guarda saudoso em suas entranhas; o tempo que o tempo levou.

Eu te preciso

Preciso de ti
Como preciso do sol
Para iluminar o meu dia
Preciso de ti
Como preciso da lua
Para alimentar minhas fantasias
Preciso de ti
Mais doque preciso da noite
Pra meu corpo repousar
Preciso de ti
Como preciso do ar
Preciso de ti
Como as ondas, do mar
Preciso de ti
Quando o sol está a brilhar
Preciso de ti
Quando a noite chegar
Eu preciso muito de ti
Do teu amor e ternura
Assim como te preciso
Nas minhas noites escuras
Preciso de ti
Nos momentos de alegrias
Preciso de ti à noite
Como preciso de dia
Eu preciso tanto de ti
E da tua companhia.

Confissão

Hoje ao ouvir a tua voz
Descobri que te amo!
O peito apertado,
O coração aos pedaços
Uma lágrima rola
Salpicada de saudades
Desejei tanto os teus braços
Mas confesso tive medo
Entre um soluço
E dor que verte em segredo
Muitas vezes chamei teu nome
Jurei meu amor no papel
A mim mesma eu negava
E jamais admiti,
Foi então que compreendi
Que quando ganhei, te perdi
Mas meu amor escondi
Pra não dizer que te amava.

Juras de amor

Ainda lembro com carinho
De tanto amor tanta ternura
Aquela voz meiga e suave
Me falando com doçura
Eu te amo mais que tudo
Te quero para a vida inteira
Você é parte do meu mundo
Não é amor de brincadeira
Sem você meu sol não nasce
Sem você minha noite é escura
Por mais que a vida passe
Te farei sempre a mesma jura
Ainda lembro com ternura
Do teu amor tão desmedido
Não pude dar-te um amor a altura
Embora tenha compreendido
E por mais que a vida passe
Lembrarei sempre com saudade
Do teu amor, das tuas juras.

Momentos

Aquela tarde de outono
Estava tão quente e úmida
A janela entre aberta
A cortina esvoaçava
Arfada pelas narinas do vento
A chuva fina caindo
O gotejar das calhas
O ruido do velho cata-vento.
Tudo se movia calmo
Sem pressa
Sem se importar com o tempo
Por um momento pensei estar sonhando
Ou, em algum lugar no passado
Então senti o meu corpo
Por teus braços, abraçado.

Onde está?

Onde está você?
Te procurei por onde andei
Te procurei nos vales
Pelos caminhos onde passei
Te procurei em todos os lugares
Te procurei na cidade,
Te procurei nas favelas
Te procurei nos bares
Nos parques e nas vielas.
Onde está você?
Não está em meu coração
Onde está que não te vejo
Não está entre a multidão
Não está por onde andei
Nos caminhos que percorri
Não está em minha vida
Não está dentro de mim
Não te encontrei na chegada
Não encontrei na saída
Não te encontrei na cidade
Não está em minha vida,
Onde mora, ou se esconde
Essa tal Felicidade!

MEMÓRIAS DO CORAÇÃO

Filha da lua

Naquela tarde, na rua encontrei
Alguém de olhar triste a chorar
Era jovem e bela notei
Com roupas finas, elegante ao andar
Pés descalços e despenteada
Mas ainda assim era notada
Não era menina de rua,
Mas era filha da lua
Atrás daquele rosto bonito
Havia um coração tão aflito
Que gritava por liberdade
Ao narrar sua história tão triste
Confesso que com ela chorei
- Quando criança fui abandonada
Nos braços da rua jogada
Aos dez anos com frio e com fome
 Uma noite um cidadão encontrei
Pensei ser aquele um bom homem
E a ele, minha inocência entreguei
Este foi o início da trilha
Não escolhi esta vida eu juro
Pois tenho bom coração
Eu sequer penso no futuro
Mas preciso ganhar o meu pão
- A vida de sonhos que julgava,
Encontrar na calçada da fama

Era seiva da vida que jorrava
Ao servir seus senhores na cama
Acorrentada por mentiras e enganos
Passaram-se, dias e os anos.

O Amor

Amor nobre sentimento. As vezes constante, outras nem tanto.
Por vezes se ama muito; outras só por um momento.
Amor, palavra pequena, porém singular,
Não conheço outra, que justifique o ato de amar!
O amor por ser singular é de origem pura. Como um laço invisível
Que une os corações. Envolvendo sentimentos, causando for-
tes emoções.
Por amor muitos fazem loucuras; outros apenas juras, mas
Há aqueles que ao encontrar o amor, acham para a alma a cura.
O amor é benigno e de caráter raro, mas as vezes faz tanto mal.
Como o amor não correspondido, que causa dor, faz o coração sangrar,
Mas não é de um todo perdido, para quem conhece o prazer de amar.
Quando o amor é verdadeiro, é capaz de transformar a tristeza,
Num quadro de rica beleza.
As formas de amar são muitas, mas o significado é único.
O amor é o firmamento, que sustenta as emoções.
Dá equilíbrio aos sentimentos, inundando os corações.
Aprender a amar é aprender a andar. Ser por alguém amado, é
aprender a voar.

A resposta do tempo

Lá se vai mais um dia. Lá se vai mais uma semana...
Assim são todos os dias, parece terem pressa
Em chegar ao fim de sua trajetória!
Será que até o tempo, os dias e os anos, também estão cansados?
Como terminar breve sua história, teria enfim seu descanso!
Como posso chegar ao fim dos meus dias, quando não me preparei
para ir...
Ah! Quando olhar no espelho e ver aquela imagem
Se parece comigo, mas não á reconheço...
O que dizer para aquele rosto de linhas finas e amassadas,
Que é o mesmo de alguns anos! Se antes cheio de viço, pele lisa
macia e sedosa...
Agora, como não notei esse processo... Onde eu estava que não vi
isto mudar?
Os dias nunca foram iguais, nem os meses e anos.
Então...A resposta do tempo... Estão nas marcas que ele deixou...
Parece-me, ouvir seus passos andarem mais depressa,
Como suplicando para chegar logo lembrando estar cansado...
Quem? Ou, alguém... segure esse tempo! Não vês, que se apressar
Rápido iremos nos despedir da vida, dos filhos, das alegrias, dos
amigos...
Quem diria...Vamos sentir saudades até das tristezas.
Da nostalgia, das agruras que nos tornou forte.
Da dor, que nos ensinou chorar em silêncio.
Do amor que pensávamos que sentíamos.
Tudo passa como um filme! E o trem da vida com seus vagões,
acelera...

MEMÓRIAS DO CORAÇÃO

Não! Espere por favor! Os pensamentos começam a correr tão depressa,

Mas os pés já não conseguem acompanhar. Então vai chegar...O último dia...

O último beijo. A última noite de luar... O último abraço que vou dar, e... Adeus...

A cápsula do tempo

Como o tempo vai esvaindo a cada dia.
Por mais que queira, não consigo segurá-lo.
Ele passa, e vai, levando consigo,
As lembranças e os detalhes, a emoção vivida e sentida.
Tempo, que nos ajudou sermos mais fortes a cada dia,
Ter mais experiências, ser maduros e responsáveis...
Mas tu levas embora tantas coisas que eu queria que ficassem.
O cheiro, o abraço sentido, o beijo na face, a ternura do toque...
Há se eu pudesse!
Seguraria tudo isto numa cápsula. E guardaria e
Para quando chegar aquele momento, daquela saudade...
Aquela lembrança...
Que sei que estava lá, e agora, revirando minha memória.
Ah, não consigo encontrá-la...
Ainda me restam as imagens registradas.
Busco nelas, sentir o que sentia antes,
Mas são frias e não retribui o mesmo sentimento,
Sem emoção, tácitas, permanecem ali, imóveis e sem afeto...
Não adianta querer prender o tempo...
Como também nossas memórias.
Precisamos viver intensamente o que é bom,
O que nos traz prazer e alegrias,
Devemos lembrar que vamos viver apenas uma vez
Numa fração de segundos
E tudo se vai, nada sobra, senão as lembranças...
Parece até cruel, mas vivermos o Presente, já é uma dádiva.

MEMÓRIAS DO CORAÇÃO

O presente de Deus é o aqui e agora, devemos ser gratos,
Tudo que ganhamos de bom, agradável, é de presente
E muito precioso para desperdiçá-lo!

Um dia tão igual

Todos os anos, o Dia das Mães, se pareciam iguais.
Este ano eu não mandei mensagem para ninguém.
*Quem sabe queria saber quantas pessoas lembrariam de mim;
Ou se eu não mandasse nada, receberia o mesmo, "nada".
Mudar é necessário, as vezes nem sempre é a melhor escolha.
De uma coisa tenho certeza, a minha essência é dom de Deus,
Nasci com ela.
Meu caráter foi se moldando a cada passo da caminhada.
Cada ano, cada experiência, cada lágrima, cada sorriso.
Um passo seguinte me esperava.
Hoje, quero transformar, datas como esta, tão igual...
A qualquer dia.
Passei a vida correndo atrás de uma busca de perfeição,
Para me tornar alguém melhor.
Eu estava enganada...
Por mais que fizesse, por mais que doasse,
Não era o bastante.
Então vou escrever um novo livro,
Uma nova história.
Chega de alimentar lobos famintos,
Que se satisfazem com o que o outro vive.
Como binóculos apontados para nossas janelas.
Fechando a janela, termina a história...
Abrir a minha janela e olhar por ela.
Vou fazer e viver, a minha História!

A melhor lembrança

Saudades, dos dias que vão passando.
Saudades, dos momentos vividos.
Saudades, terna e doce recordação
Que suavizam nossos dias!
Saudade, sempre Saudade...
As vezes doces lembranças, outras,
Amargas e dolorosas esperanças...
Pelo caminho do bem vamos seguindo,
Para guardarmos Saudades
Que suavizam nossas noites sem estrelas e sem luar.
A melhor lembrança,
Não é a que guardamos na página de um livro,
Nem as fotos já amareladas,
Quais Já as lemos e vimos inúmeras vezes...
A melhor lembrança é a que fica viva.
Em nossos corações saudosos!

Deixando o ninho

Então filho, hoje um dia mais que especial.
Seis de janeiro...
Há alguns anos, Deus te colocou nos meus braços.
Te cuidei, te amei... Ah, como te amei...
Cada dia um gesto diferente me mostrava que tu crescia...
Te ensinei valores que nunca vai esquecer.
Te mostrei um caminho, qual nunca vai se perder...
Te amei tanto, tanto que nem sei dizer...
Tenho gravado no meu coração,
O teu rostinho, tua pele delicada e macia.
Tuas mãozinhas que eram tão pequenas,
Afinal, tudo era um pingo de gente.
O tempo passando tão rápido...
Hoje, não sei se choro ou se rio de alegria,
Por te tornar um homem de tantos valores.
Sinto que o ninho vai ficar vazio. Quando chegar essa hora filho,
São nesses momentos de recordações que vou me agarrar...
Ter você foi uma escolha.
Eu te quis, te desejei, te amei todos os momentos.
Minha oração à Deus hoje é... Obrigada Senhor!
Por me presentear com a joia mais linda,
Que eu pude apreciar e dizer; meu filho!
Enche meu peito de gratidão,
Porque sei que pode passar o tempo que passar,
Estaremos ligados para sempre.
Felizes sejam teus dias aqui na terra.

MEMÓRIAS DO CORAÇÃO

Te abençoo e te desejo amor eterno, de uma mãe,
Que não se envergonha do filho que tem,
Mas sente prazer em dizer...
Este é o meu amado, e para sempre ... Meu Filho!

Porque se foi...

Sinto tua presença tão perto
E as lágrimas molham meu rosto
Renasce a esperança, trazendo-me conforto
Dizendo-me o quanto estou certa

Se a chuva cai lentamente
Misturando-se ao meu pranto
Saudade de ti se faz presente
Então por ti choro tanto

Se o sol está escaldante
E seu brilho meus olhos ofuscar
Eu sei o quanto és importante
E por ti eu volto a chorar

Mas se a tarde cair de repente
E a densa escuridão me abater
Eu volto a chorar novamente
Até o outro dia amanhecer

E quando o dia vem vindo
E a saudade de ti for embora
Acordo finalmente sorrindo
E só lembro de ti como agora

MEMÓRIAS DO CORAÇÃO

Se a saudade de ti me faz chorar
E as lágrimas insistem em cair
É porque você me ensinou a amar
Mas não me ensinou te esquecer.

Meu coração

Dói meu coração te ver assim.
Eu sei que tem sido difícil
Tão distante de mim.
Eu olho para a tua imagem
Como posso ter coragem
De não te amar tanto assim
Procuro por ti, sei que estas aqui.
Ainda continuas, só tu que não vês.
Talvez demore um pouco
Mas tudo vai passar.
Até o dia amanhecer
Um novo dia vai raiar.
Por mais escura que seja a noite
O sol voltará a brilhar
Dentro do meu coração
Você sempre estará
Mesmo que não o queira
Mas de qualquer maneira,
Toda vez que olho tua imagem
Um recorte ou uma mensagem
Eu tenho a esperança
E eu vou te esperar.
Quem tem fé sempre alcança
O tempo vai passar,
Quero te ouvir dizer
Eu disse que não te amava

MEMÓRIAS DO CORAÇÃO

Quando na verdade,
Tudo o que eu queria
Era somente te abraçar...
Porque eu te amo!
Podes me perdoar?

Lavei minha alma

Hoje realizei algo que, já não lembro,
Quando fora a última vez.
Algo libertador!
Muitos acreditam, que precisa dinheiro,
Um lugar especial.
Na verdade, um pequeno gesto,
Ou uma gota de um bom perfume,
Marcam mais que algo impressionante.
Eu corri, me deixei ser envolvida
Cada centímetro de mim,
Estava sendo envolto, em uma teia de sentimentos.
Como era bom, não lembrava, agora me vem a memória.
Feliz! Saltei, rodei e me deixei ser carregada,
Parecia estar sendo levada.
Parecia estar voando.
Não! Não era um voo com equipamentos,
Era absorto, por meus próprios pensamentos.
Eu me guiava para onde queria estar.
Transpassada por uma paz tão tênue.
Senti-me completamente, como uma pluma solta no ar.
Nada impedia seu toque, embebida por completa.
Transparente ao vento, ao céu, ao sol, ao tempo.
Lá estava eu.
Como deixei de viver esta magia por tanto tempo?
Ah, como é bom estar de volta.
Te sentir novamente.
Eu pensei que havia esquecido.

MEMÓRIAS DO CORAÇÃO

Mas até as pequenas gotas que conseguia sorver,
Seu gosto era o mesmo. Foi um momento ímpar.
Se puder novamente quero voltar, como pássaro livre,
Beber cada gota, depois acreditar que não estou a sonhar,
Estou apenas correndo na chuva. Lavei minha alma... Me senti viva!
Eu era apenas a criança alegre que sempre sonhei ser.

Retribuição

Ser homenageado é sempre prazeroso
A vida assim nos ensina
Isto, porém, se torna mais gostoso
Se provém, de uma bela menina
Moça, eu poderia chamar-te
Ou até mesmo mulher
Todavia, eu cá, de minha parte
Só me interesso pelo quanto me quer.
O sentimento que me dedicas é lindo
Que até penso não merecer
Mas o que importa é que está fluindo
E que é gratuito e belo o teu querer.
Disse a personagem de uma novela
Que "é melhor amar do que ser amado"
Peço vênia para discordar dela
Pois nessa história, sou eu o privilegiado
Tive o prazer de estar ao teu lado
E receber tuas poesias e teu amor
Ambos para mim, foram dedicados
Com a beleza e simplicidade de uma flor.
Oxalá o teu livro após lançado
Seja sucesso de venda e emoção
Quanto a mim só posso dizer obrigado!
E guardar-te sempre em meu coração
Autoria: J. L. Maciel